느티나무 생각

작가기획시선 039

느티나무 생각

김지욱 시조집

작가

■ 시인의 말

도망칠까 도망칠까 도망칠까 하다가도

섬 하나 쌓아 올려서 그 자리를 지킨다.

2025년 봄
김지욱

차 례

시인의 말

제1부
수평선을 꿈꾼다

비 13
솔거 14
방아섬 15
담쟁이 16
이정표 앞에서 18
소묘 20
벚꽃 21
이명 22
8월은 등으로 느낀다 23
홍시 24
다시 새섬에 와서 25
돌로 앉은 시간 26
갈까마귀 28
詩作 29
길에 관한 명상 30
수평선을 꿈꾼다 31

제2부
발목에 장미가 피었다

텅 빈 언어 35

만지도 정경 36

홍매화 38

발목에 장미가 피었다 39

느티나무 생각 40

금장대 41

처서 42

새치 43

서귀포 바다 44

동백섬 45

물발자국 46

달맞이 길 47

가을이 흘리는 빛 48

그래도, 돌단풍 49

운곡서원 50

십이월 51

제3부
벼랑의 눈길

입학식 55
매화꽃 56
고위산 58
우포늪 큰고니 59
매미울음 60
비인해변 61
너의 초상 62
매화 63
동강 할미꽃 64
서천 66
어머니의 가슴 67
우뭇개 68
지구 휴식기 69
과메기 70
장미 71
코로나 장례식 72
피오르드 해안 73

제4부
봄날은 더디 온다

바이러스 77
安民 78
사진관 79
우포늪 80
황성공원 가을 81
첫 손녀 82
나들이 83
장 가르기 84
비 오는 날 85
옛집 86
충전기 87
목포 쩐땡이 88
어머니 생신 89
소파 90
아이스크림 91

해설
울림의 언어, 자존의 힘_이정환 94

제1부
수평선을 꿈꾼다

비

올챙이 여러 마리 유리창을 헤엄친다

봇도랑 찰방이던 그날 그 꼬맹이들

비 듣는 유리창으로 속살속살 들어온다

솔거

죽지 흰 파란 숲
처마 밑에
심어놓은

솔가지를 흔들자
후드득
지는 새 떼

다저녁
소나기 한 줄기
그 안에 머금는다

방아섬

걸쇠 벗긴 어둠 갯바위에 부려 놓고
밤새도록 쓸어내린 돛단배 업은 바닷물
마음 둑 갈라 터지듯 모래톱 빠져나간다

몸에 익어버린
참고 산다는 일

도망칠까 도망칠까 도망칠까 하다가도

섬 하나
쌓아 올려서
그 자리를 지킨다

담쟁이

들썩이는 함석 문짝
신음소리 스며들고

굽은 골목길 안쪽
절룩이는 찬바람

담벼락 메마른 자리
새순 한 잎 보인다

갈피끈 걸쳐 놓고
넘기지 못한 몇 쪽

속으로 팽팽히 당긴
오랜 기다림 끝에

봄 볕살
넝쿨손에 내려
다독다독 달랜다

기척 없이 엎드렸다
문득 고개를 들자

파르스름한 손길이
허물을 걷어낸다

풀빛에 새살 오르며
말문 터진 담쟁이

이정표 앞에서

지독히 몸서리친 홍역 끝 열꽃처럼
내려진 차단기가 온몸을 짓눌렀지

가슴속
깜박이는 불씨
다독이며 맞은 봄

꿈의 불쏘시개 바람 입에 물리고
하얗게 흐느끼는 매운 눈물 방울방울

삼키다
견디지 못해
사뭇 붉어진 눈자위

끝내 이루고 말 에움길을 돌아서
어둠 벗어던지고 가시넌출 헤쳐나갈

그 마음
눌러 다지며
필사노트 펼친다

소묘

봄은 활짝 피어
강으로 흘러가고

종이배 띄운 듯
물빛 어린 산수유

잠 깨어
뒹굴고 있는
햇병아리 옹알이

유채꽃 몽실몽실
아지랑이 마중에

까치발 세우고
팔 뻗어 젓는 노

종다리
우짖는 소리
실개천을 건넌다

벚꽃

봄밤 수도산이
몸살 앓는 꽃물 숲

어둠 속에 묻혔어도
그 자태 살아 있어

향기에
물어뜯긴 꽃바람
이기지 못한 청춘

이명

세상과 등진 채로
달팽이 집 끌어안고

깊은 꽃 속에서
울어대는 귀뚜라미

어머니
저린 몸 구석구석
갉아대는 울음소리

8월은 등으로 느낀다

오목한 집 한 채
두 마음 같이 사네

등 돌린 채 굽어져
온기 따라 들어가는

그래도
따뜻한 등 있어
말문을 열어 두네

홍시
– 어머니

마당을
나뒹굴던
땡감같이
떫은 저녁

부스럼 딱지
검붉은 발자국

어스름
사륵 사르륵
요양원 창
보듬는다

다시 새섬에 와서

샅샅이 잦아들 바람이여, 불어오라
달아올라 붉은 가슴 뜨거운 속삭임
속살을 슬쩍 보이는 새털구름 같은 날

그물 한 폭 던지니 영락없이 걸려드는
비릿한 가을이 전어 떼로 퍼덕이고
벼랑에 홀린 저 눈길 바람이 쓸고 간다

가던 길 발목 잡혀 연해 셔터 누르자
어찌할 바 모르는 물결 저리 자지러져
불현듯 멈추어 서서 눈을 내려감는다

뛰어오르는 파랑을 고이 쓰다듬다가
마침내 네 안에 들어앉은 한 점 섬
억새풀 속살을 풀며 시리도록 흔들린다

돌로 앉은 시간

동창천 뒹구는
해맑은 얼굴들

묵묵한 생김새로
제 자리 지키며

땡볕이 힘겨웠는지
눈 감고 명상 중

지친 하루 식히는
환히 널린 달빛

돌들은 뭉텅한
맨살을 보여준다

굴러온 발자국마다
상처로 남아 있다

무거운 그 마음
바람이 말려주고

돌로 앉은 시간
속 깊은 물소리에

잇대어 깊어가는 밤
별빛 내려앉는다

갈까마귀

뿌려놓은 까마귀 떼
온 들녘은 점괘판

반듯한 논 헤집는
파닥파닥 검은 날갯짓

내 안에
서늘바람으로
속속들이 파고든다

詩作

고요 심지 둘레로
휘몰아치는 회오리

폭풍우 끝에 내처 쏟아지는 큰비

왜 이리
답답한 걸까
물꼬 트일 때까지

길에 관한 명상

지구 둘레를 몇 바퀴나 휘돌았을까
몹시 가파른 그곳 하늘 기슭 모퉁이
포물선 그려가는 길 아른아른 보인다

곤두박질 끝에도 곧장 일어서곤 하던
실눈같이 가늘게 이어지는 머나먼 길
희붐한 여명과 함께 떠오르는 산 능선

일어서는 지평선이 햇무리 피울 무렵
속을 거듭 비워온 마음 저쪽 먼 하늘
휘두른 채찍의 무게 손끝으로 느낀다

수평선을 꿈꾼다

 바람도 춘분 한낮 공양하듯 약국 앞이다 날 선 잔등 볕살에 구부러진 오늘은 긴 한숨 부메랑 되어 명치 끝에 고인다

 동선을 덜미 잡아 코로나 소탕 작전 바람꽃 해부하고 구름꽃 진술서에 온몸은 생의 마지막 낱장으로 떨고 있다

 숨 가쁜 중환자실 공포 영화 세트장 불은 면발 링거줄에 오늘을 붙잡고 오르막 치는 그래프 수평선을 꿈꾼다

제2부
발목에 장미가 피었다

텅 빈 언어

나에게 밟히는 어리석은 나침반
무수한 그들과 방향만 같을 뿐

손끝에 걸려드는 건
난시만 헤집는 소리

만지도 정경

갈매기 어둠 쪼아
바위섬에 올려놓고

허기진 속 달래는
물새가 깨운 아침

소반에 모래알 흰밥
배부르게 담는다

헐렁한 바람 등짐
바다에 풀어놓자

청무우 구름 뿌리
속 깊이 매만지고

파도는 너울 이루어
허공에 흩뿌린다

한 뭉치 시간 타래
바위 섬섬 둘러놓은

바닷길 씨실 날실
손 바꿔 매어 가며

온 밤이 젖어 들도록
비단 한 필 짜고 있다

홍매화

첫사랑 그 가시내
붉은 입술 못 잊겠다

올봄에 다시 찾은
통도사 대웅전 앞

다소곳
불 밝히고 선
그 입술
못 잊겠다

발목에 장미가 피었다
– 타투

뒤꿈치 밑그림
선혈의 흔적들

울컥 치밀어 올라 맨살에 새기는

가시살
아픔 삼키네
타투의 꽃꽂이여

느티나무 생각

간밤에 물 폭탄이
내리치고 지나갔다

휘어지고 쓰러지고
흙탕물 범벅되어도

묵묵히
그리 서 있어,
괜찮니 되묻는다

금장대

갓 떨군 꽃잎 하나 여리여리 몸짓 그대
달빛에 늘어뜨린 주홍의 벼랑 눈이
형산강 물그림자들 지그시 끌고 간다

억새풀 세월을 엮어가듯 서걱대며
밤새운 연회는 새벽을 바라보며
어둠을 씻어 내리듯 물빛이 하얀 아침

단풍은 붉게 물든 치마폭 눈물같이
기생 을화 벼랑 끝 담쟁이로 엉겨져
그날이 그리운 듯이 불그레 치장하는

처서

늦더위 허리 꺾은 귀 밝힌 전령들
목화꽃 터뜨리는 뭉게구름 함성소리

지그시
되새김질 끝에
주저앉히는 한여름

새치

쉰두 살 머리채는
눈 쌓인 초가지붕

박힌 털 물들이는
백여우 꼬리들이

비집고
자리 잡은 터
슬그머니 뿌리내린…

서귀포 바다

바람은 구겨지고
파도는 찢겨져서

파도소리 닮은 바람
바람소리 닮은 파도

너와 나
파도와 바람
바람과 파도 사이

바람 사이에서
머물고 싶었지

파도 사이에서
붙잡고 싶었지

서귀포
칠십 리 바다
놀빛에 뒤덮인 날

동백섬

통꽃 보면 견디지 못할 쓰린 마음 매달린 채

한 백년 기다려 본다, 꽃등을 밝혀 놓고

섬마을
놓아 주지 않는
그 마음 붙들고

물발자국

엊저녁 빗소리에
동그랗게 팬 곳곳

함께 아팠어도
함께해서 기뻤던

빗줄기 뛰어내린 자리
한 줄로 선 동그란 돔

달맞이 길

밀려오고 밀려가는 구부랑 감정선이

네온사인 툭 툭 툭 열정을 추구하며

직관적 감성을 부르는 당신의 길입니다

가을이 흘리는 빛

바람이
흘리는 말
희디흰
깃털 삼고

단풍이
흘리는 빛
붉은
둥지를 틀어

또 한 번
타오르면서
울컥울컥
젖는다

그래도, 돌단풍

하필 그곳에 뿌리내린 태생이 억척스런

다 닳은 돌쩌귀는
어머니 뼈마디인가

한평생
기운 햇살이
그 틈새에
환하다

운곡서원

날개 웅크린 채 축축하게 두른 저녁
청둥오리 붉은 부리 노을을 쪼고 있다
초승달 물꽃으로 핀 눈 맑은 왕신지에,

못물을 거슬러 벋어가는 물길 따라
발길을 잇게 하는 굽이진 마을 어귀
은행잎 꽃으로 피어 눈길을 사로잡고,

가득한 화폭 속은 봄부터 농익어서
늦가을 잎맥과 줄기 낱낱이 불러 세운
사백 년 물든 섶 너머 십일월이 샛노란,

십이월

붙잡지 못한 바람 툭, 치고 지나간다

정신을 가누다가 중심에서 기울어버린

노을과 먼 기억 사이 하 엷어진 그림자

마음 둘 데 없어 꼬리 잘린 마침표

깨금발로 받쳐 든 마지막 달력 한 장

벼랑에 꽁지깃 세운 뒤꿈치가 떨린다

제3부
벼랑의 눈길

입학식

햇살이 안고 도는

양지쪽 교실 뜰앞

어린 봄의 입학식

긴장한 눈동자들

설렘을 한 가방 메고

발그레 미소 짓는다

매화꽃

눈 쌓인 정월에
햇장을 담근다

잘 띄운 메줏덩이
말끔히 손질하여

새해를
기다리듯이
말날을 바라며

삼 년 재운 천일염
나비잠을 깨워서

속 깊은 메주 품은
항아리에 햇빛 들자

백날의
백 가지 빛으로
여물어가고 있다

햇살 속 물질하는
해녀의 바다처럼

햇파랑 바람결에
우려낸 붉은 성수

어머니
손맛으로 피운
흰 매화꽃을 본다

고위산

용장리 산등성이
왁자지껄 물든 잎새

기암에 기웃기웃
매달린 별빛들

저 너머
에돌다가는
바람소리 시린 새벽

내 속을 내어준 채
산문 밖 걸어놓은

서릿발 흩뿌리는
우듬지는 서러워

어머니
그 속앓이로
빨갛게 물든다

우포늪 큰고니

 능선에 하얀 눈물 잦아진 해무같이 감싸안은 가슴으로 죄다 품은 우포늪 신새벽 단잠 깨우는 큰고니 저 날갯짓

 푸른빛 햇살 한 폭 삽자루 당겨 메듯 젖은 발목 시려와도 때를 기다리는 큰고니 죽지 펼친 온몸은 바람으로 일어선다

 고였던 시간들 진흙 속에 뿌리내린 가시연 아픈 사랑 울컥하는 가슴으로 한낮에 들끓던 햇살 우포늪에 새긴다

 한발로선 논둑길 그 굴레 짐작하며 늪 언저리 여정처럼 머무는 저녁놀 큰 부리 날개 속에 묻고 하루를 보듬는다

매미울음

땡볕 같은 매미울음 정수리가 따갑다

한 움큼 거머쥔 목청으로 울어 대는

십여 일
모든 날들이
전부라서
더 서럽다

비인해변

아름답다 아름다워
말로 풀어나가다가

눈길로 붙잡다가
한 컷으로 남기다가

어느새 노을 삼키고
어둠 속에 잠긴다

황홀하다 황홀해
부르짖던 그 사이

온 밤과 새벽 사이
별빛으로 젖는 사이

먼동은 별빛을 품고
해를 불러들인다

너의 초상

무거운 눈꺼풀
어루만지는 후회

진한 커피 들들들
현곡 들판 물들일 때

푸드덕
날아오르는
갈까마귀
한 마리

매화

하품하는 봄 볕살
속눈썹에 걸릴 그쯤

반음 올린 바람은
햇살에 초망 던져

향기를
뽑아 올리네
절정의 꽃가지 위에

동강 할미꽃

새순은 꼬물대는
아기 입술 젖내음

키 작은 봄볕으로
풀 먹인 듯 뽀송해

할 말들 오조오억 번
안으로 다독이네

봄 소리 뿜뿜뿜뿜
뾰족이 귀 세우고

여물어 살강살강
씹히는 산들바람

가수리 차곡차곡 쌓인
감입곡류 한 길 같네

긴 겨울 가뭄 끝에
단비 함빡 내린 후

단단한 기운으로
솟아난 동강할미꽃

움츠린 결과 결 사이
빗장 푼 시 한 편

서천

몸서리친 한밤중 눈뜬 채 듣던 빗소리
외로움도 무거워라 그리 내닫는 서천
수천만 햇살을 싣고 길게 내닫는 서천

그래 비 그치면 다시 껴입는 볕살 한 벌
출렁이는 수면이 껴입는 볕살 한 벌
비껴선 그대 잔등도 껴입는 볕살 한 벌

어머니의 가슴

한쪽 어깨 내려앉은 찔레꽃 향이 겨워
벗어버린 가지 끝에 햇살을 키웠다
빈 가지 아랫도리는 어둠만이 차오르고

해넘이 습한 허물 발 담근 서천변
후줄근한 오늘을 석양은 위로한다
끝끝내 차오르지 못한 우물은 별을 낳고

꺾인 어깨너머 마른 별빛 핥아주던
달문은 그예 열려 웅얼웅얼 잦아질 녘
어머니 한쪽 가슴은 움푹 팬 우물이다

우뭇개

파도가 그 파도를 삼키는 바장조
미완의 아가미로 변주된 그 바다

물 넘는 바다 벌판은
가파르게 겨운 하루

할미해녀 그 손녀에게 내림굿 의례처럼
등대처럼 깃들어 길이 되고 발이 되고

휘휘휘 맷집이 커진
숨비소리 짜디짜다

지구 휴식기

휴일도 쉼 없이 달려온 지평선에
이른 새벽 찔레꽃 산머리 돋을 양지
피돌기 반짝 떠오른 하얀 꽃이 환하다

꿈틀대는 바이러스 봄 산을 덮치고
출렁이는 신열은 온몸을 적시더니
걸쳐온 몸뚱어리를 할퀴며 씻어낸다

헐거워진 헤진 몸 지푸라기로 흔들릴 때
다 닳은 바람꽃도 놓쳐 버린 시간도
돋을볕 보듬어 안고 쉬어 가는 중이다

과메기

휘어진 허리만큼 카랑한 하늘 아래
제 속을 비워두고 엎드린 듯 기도하며
덕장에 발목 잡혀서 바람을 안고 산다

해풍에 쓸린 살점 붉어지는 속내를
가릴 것 바이없어 비린 햇살 등에 지고
천천히 말라 들어가며 온몸을 뒤튼다

한바탕 흔들고 간 바람의 발자국은
붉은 낙관 찍듯 흔적으로 돋아나고
찬 서리 등에 업고서 긴 울음을 삼킨다

장미

허리춤 올리고 질끈 동여맨 하루
난전에 어릿광대 눈망울 같은 날

불그레
덧칠한 웃음
담벼락에 돋는다

코로나 장례식

감염에 발목 잡힌 여름이 두 번 가고
이중삼중 맞서도 풀릴 기미 바이없네
확진자 안전 안내 문자 신규로 가입된다

동시간대 이용자 선별소로 가세요
하루도 거르지 않고 안부로 전하는
가거라, 뒤돌아보지 말고 정착은 턱도 없다

그놈의 속내는 말 그대로 미로다
몇 겹의 마스크로 일상을 밀고 간다
코로나 발인 마치고 새봄 찾아올 때까지

피오르드 해안

 깊이를 알면 너를 알까 믿을 수 있을까 수시로 한 몸인 듯 포개어진 파도같이 물때를 기다리는 길 좁고 긴 협곡이다

 빙하를 이루고 폭포수로 쏟아져도 버텨온 시간만큼 네 뜻을 기다릴 게 묵묵히 낯익어가는 나는 늘 파도일 뿐

 해수가 차오르고 달빛이 실려 올 때 잦아지는 물소리 만과 만 사이에 갇혀 말 못 할 내 안의 상흔 그 마음 깊이를 알까

제4부
봄날은 더디 온다

바이러스

별안간 모든 길은 살얼음판 깔리고
앞이 챙챙 감겨 숨 막힌 걸음마
마스크 겹과 겹 사이 봄날은 더디 온다

갉아먹은 바람 돌밭 길 거친 호흡
그 틈새 돋는 당신 봄을 그린다
긴 터널 어둠 헤치고 물소리 벋는 순

安民

권력은 천년인가, 만년인가 권력은?
백성은 어디에, 백성 권리는 어디에?

별안간
하늘 별들이
떨어져 내리는 소리

사진관

우리 동네 사진관
환한 햇살 속이다

지금을 주워 담아
계속 기록 중이다

오늘은
내 옆자리를
오래도록 비워둔다

우포늪

봄 햇살 한 자루는 논 가를 헤집고
저만치 논물 보는 아버지 발아래
무논에 질척이는 허기 논두렁에 뒤챈다

허물 벗은 늪 언저리 저녁놀 머무는
바람 한둘 가시로 핀 연잎으로 붉어져
늘 늪은 향기를 풀어놓고 저미는 저녁답

머리칼은 희끗희끗 묵지로 흔들리고
들숨 날숨 세월은 샛길로 앞장서고
골주름 흐드러진 길 부리나케 뒤좇는다

황성공원 가을

반질반질 도토리
양볼 가득 채운다

솔숲에 바람소리
솔 솔 솔 솔물든다

화들짝
놀란 다람쥐
눈망울은 온통 가을

첫 손녀

아기의 젖내음은 새하얀 웃음꽃
세상에 둘도 없는 샛별같은 얼굴로

살포시 스며드는 것
둘레로 번지는 것

꽃들이 찾아오면 저렇게 향기 날까
강보에 싸인 지가 엊그제 같은데

빼꼼히 두 눈망울로
손 흔들며
내게 온다

나들이

오늘은 온 가족 봄나들이 나선 날
고개를 들자 금세 닿는 바다 향기

해변에
그늘막 치고
바다 멀리 바라본다

한 폭 그림 속에 빠져든 누긋한 하오
풀꽃향 스며든 파도 소리 드높을 때

어디서
꽃향기 바람
졸음기를 보챈다

장 가르기

빛바랜 오지항아리
뚜껑 열어젖히면

퉁퉁 불은 젖가슴
볕살에 물리고

젖꽃판
다 짓무르도록
눌러 짜는
어머니

비 오는 날

빗소리와 꼭 닮은
전 부치는 소리결

홍합전 한 상을
거나하게 차렸다

막걸리 주고받으며
수신호 교신 중

머릿속 남아 있는
신혼 적 생각들

그때는 왜 그렇게
자주 부딪쳤을까

때맞춘 울음 몇 방울
빗소리에 섞는다

옛집

뚝배기 된장 끓는 초저녁 밥상머리
식솔들 있을 것 같은 대청마루 휑하고
달빛이 문설주 기댄 하얀 밤 깊어간다

바람도 데워지는 품속 같은 안뜰인데
안방엔 낯선 손님 머문 지 오래되어
거미줄 빗장에 걸린 불빛이 흔들린다

설렘처럼 퍼지는 살가운 바람결에
말라붙은 빈 젖인 듯 멈춰진 기억 속에
다 못한 흰달빛의 말 댓돌 위에 앉는다

충전기

당신은 알면서도 묵언으로 재촉하니
무장 힘에 겨워 제자리 맴돌면서도
스프링 튀어 오르는 왕성함을 꿈꾼다

강요는 아니지만 할 수밖에 없는 나날
산비탈 흙이라도 붙들어야 하는 나무
방전된 등을 떠밀어 그 길 앞에 서 있다

둥지에 별 총총 몸을 풀고 가는지
은하수 이운 생애 그 깊이 무한하다
앙상한 별빛 페달을 밤새 감는 자화상

목포 찐땡이

꼬들또들 살 발라 여름 끝자락에 얹는다

짭조롬한 무청시래기 엉겨지는 자줏빛 맛

유달산 그러안고서 마주 보던 그런 날에

하늘에 덧 포갠 층층 기암 뼛조각

징검다리 건너는 바람마저 면벽수행

제 몸을 던진 한 생애 코다리 적멸에 든다

어머니 생신

장독대 숨어 울던
슬픈 눈물 뒤란은

햇살을 받아 안고 속으로만 삭혔지

어머니
가고 없는 장독대
그 세상 다리였나

그을리고 까스르한
윤기 없는 살갗처럼

모시 적삼 풀기 빠진 칠월을 보내며

북극성
흰 그늘 아래
유언같이 반짝인다

소파

우리 집 소파에는

낮잠이 붙어 있다

피곤을 불러들여

조금만 쉬어라

내 몸을 포근히 보듬는

엄마 같은 쿠션

아이스크림

여름에는 젤 좋아

아이스크림 젤 좋아

잠깐 눈 돌릴 새

그만 녹아내리는

딸바보

아이스크림

아빠 녹아내리지

|해설|

울림의 언어, 자존의 힘

이정환(시조시인)

| 해설 |

울림의 언어, 자존의 힘

이정환(시조시인)

1.

 시조로 굳세게 사는 길을 터득한 부류가 있다. 일러 시조시인이라고 부르는 이들이다. 언제 어떤 동기로든 시조의 참가치를 알아차린 것이다. 무슨 숙명인 듯이.

 여기 한 사람이 있다. 김지욱 시인이다. 처음에는 시인이라는 칭호가 거북하였을 법하다. 그러나 그는 시조를 쓰는 시인이다. 시조의 매력과 아름다움에 이끌리어 그 이상향에 조금씩 다가가기 위해 매진하고 있다.

 이번에 펴내는 첫 시조집 『느티나무 생각』은 2018년 등단 이후 꾸준히 정진한 결과물이다. 눈부시지 않을지는 모른다. 그렇지만 살뜰한 창작 기록물이다. 참으로 소중한 미학적 결정판이다. 오랜 세월 동안 그는 거친 파도와 파도 사이에 서서 춤사위를 멈추지 않았다. 그것은 심히 눈물겨운 일이었지만, 용케 험난한 파고를 넘고 또 넘었다.

2

울림의 언어 앞에 다소곳이 정좌한 시인의 세계를 살핀다. 자존의 힘이 곳곳에서 진솔하고 정갈하게 읽힌다. 그는 감각적이다. 감각의 촉수가 예민하여 순간 포착에 능숙하다.

    올챙이 여러 마리 유리창을 헤엄친다

    봇도랑 찰방이던 그날 그 꼬맹이들

    비 듣는 유리창으로 속살속살 들어온다

                             - 「비」 전문

    죽지 흰 파란 숲
    처마 밑에
    심어놓은

솔가지를 흔들자
후드득
지는 새 떼

다저녁
소나기 한 줄기
그 안에 머금는다

-「솔거」전문

  시를 쓰는 이라면 모든 것을 눈여겨보는 훈련을 이어가야 한다. 예사로운 것을 예사롭게 흘리고 지나가서는 시와 만날 수가 없다. 시를 놓치고 만다.「비」가 한 좋은 예가 되겠다. 비 내리는 날 화자는 유리창에서 올챙이를 만난다. 못물 속에 있어야 할 올챙이가 유리창에 나타난 것은 애초에 불가능한 일이다. 하지만 상상력이 발동하면서 올챙이는 유리창에 달라붙어 헤엄을 친다. 신기한 일이다. 그때 올챙이만 등장하고 말았다면 시적 정황은 좀 싱거워질 수도 있었을 것이다. 하지만 "봇도랑 찰방이던 그날 그 꼬맹이들"이 "비 듣는 유리창으로 속살속살 들어"옴으로써 보다 절실한 상황을 연출한다. 진정 시의 맛은 이런 데

있지 않을까?

「솔거」는 간결한 직조를 보인다. "죽지 휜 파란 숲/처마 밑에/심어놓은//솔가지를 흔들자/후드득/지는 새 떼"라는 이색적인 정경을 앞세워서 눈길을 끈다. 특히 "지는 새 떼"를 주목하지 않을 수 없다. "나는 새 떼, 날아오르는 새 떼"가 아니라 하강 이미지를 동원하여 분위기를 고조시키고 있다. 종장은 "다저녁/소나기 한 줄기/그 안에 머금"으면서 "솔거"를 의미화한다.

    걸쇠 벗긴 어둠 갯바위에 부려 놓고
    밤새도록 쏟어내린 돛단배 업은 바닷물
    마음 둑 갈라 터지듯 모래톱 빠져나간다

    몸에 익어버린
    참고 산다는 일

    도망칠까 도망칠까 도망칠까 하다가도

    섬 하나
    쌓아 올려서
    그 자리를 지킨다

                                            -「방아섬」전문

방아섬은 경남 하동군 진교면 술상리에 있다. 바다만 바라보고 명상에 잠겼다가 오는 여가 장소로 알려진 곳이다. 섬이 아름답거나 집이 아름다운 곳은 아니라고 한다. 화자는 "걸쇠 벗긴 어둠 갯바위에 부려 놓고/밤새도록 쓸어내린 돛단배 업은 바닷물/마음 둑 갈라 터지듯 모래톱 빠져나간다"라고 담담하게 노래하고 있다. 첫 수에서 걸쇠가 등장하여 시에 긴장감을 안긴다. 그 분위기가 돛단배 업은 바닷물이 마음 둑 갈라 터지듯 모래톱을 빠져나가는 정황과 잘 접맥되어서 의미의 심화와 확산에 기여한다. 그렇게 첫 수는 3개의 장으로 배열한 후 둘째 수는 연행갈이를 달리한다. 문득 화자는 자신의 삶을 떠올린다. 이 정서는 그의 것인 동시에 불특정 다수의 것이 되기에 공감을 안긴다. 즉 "몸에 익어버린 참고 산다는 일"이다. 둘째 수 중장은 무려 "도망칠까"를 세 번이나 되풀이하고 있다. 말의 낭비 같지만 반복을 통해 묘한 울림을 안기면서 도망가고자 하는 마음을 힘주어 강조하는 기법이다. "도망칠까 하다가도 여기가 내 자리 내 삶의 다정한 터전인데 어찌 냅다 내던지고 가랴"라고 마음을 다잡아 먹는다. 그리하여 그는 섬 하나 쌓아 올려서 그 자리를 지킨다. 영원토록 지킬 것이다.

    당신은 알면서도 묵언으로 재촉하니
    무장 힘에 겨워 제자리 맴돌면서도

스프링 튀어 오르는 왕성함을 꿈꾼다

강요는 아니지만 할 수밖에 없는 나날
산비탈 흙이라도 붙들어야 하는 나무
방전된 등을 떠밀어 그 길 앞에 서 있다

둥지에 별 총총 몸을 풀고 가는지
은하수 이운 생애 그 깊이 무한하다
앙상한 별빛 페달을 밤새 감는 자화상

- 「충전기」 전문

「충전기」는 자화상을 노래하고 있는데 이런 작품을 흔히 주지적이라고 한다. 이성이나 지성, 합리성 따위를 중히 여기는 것이므로 감정에 치우치지 않고 지성에 따라 행동하는 것이다. 오랫동안 고뇌하는 일을 통해 가장 바람직한 삶의 방향을 찾아 앞으로 나아가고자 하는 열망을 「충전기」는 잘 드러내고 있다. 화자는 당신을 두고 "알면서도 묵언으로 재촉"한다고 토로한다. 말이나 글이 아닌 묵언은 더욱 마음을 옥죄게 하는 힘으로 작용한다. 상황으로 볼 때 화자는 어찌할 수 없는 것이다. 그러므로 몸을 움직여야 한다. 그렇지 않으면 난처해진다. 본인의 의지와는 아무런 상

관없이 묵언에 응답해야 한다. 그것은 곧 살아가는 길이기도 하다. 그래서 "무장 힘에 겨워 제자리 맴돌"기를 거듭하면서도 한편 스프링처럼 튀어 오르는 왕성함을 꿈꾸고 있다. 어려운 상황 속에서도 여유를 찾은 때문이다. 상대방의 묵언은 강요까지는 아니지만 할 수밖에 없도록 한다. 그렇기에 "산비탈 흙이라도 붙들어야 하는 나무"로 살 수밖에 없다. 그리하여 "방전된 등을 떠미는 그 길" 앞에 서서 사유한다. 이를 통해 "둥지에 별 총총 몸을 풀고 가는지/은하수 이운 생애 그 깊이"가 무한한 것을 바라본다. 마지막 수 종장은 자화상에 대한 하나의 명징한 은유로 마무리된다. 즉 "앙상한 별빛 페달을 밤새 감는 자화상"이다. 페달도 그냥 페달이 아니라 "별빛 페달"이다. 이 구절에서 화자가 끝까지 견지하고자 하는 삶에의 의지와 꿈을 읽는다.

> 지독히 몸서리친 홍역 끝 열꽃처럼
> 내려진 차단기가 온몸을 짓눌렀지
>
> 가슴속
> 깜박이는 불씨
> 다독이며 맞은 봄
>
> 꿈의 불쏘시개 바람 입에 물리고
> 하얗게 흐느끼는 매운 눈물 방울방울

삼키다
견디지 못해
사뭇 붉어진 눈자위

끝내 이루고 말 에움길을 돌아서
어둠 벗어던지고 가시넌출 헤쳐나갈

그 마음
눌러 다지며
필사노트 펼친다

- 「이정표 앞에서」 전문

  길을 가다가 갑자기 이정표가 나타나면 한순간 가야 할 길을 몰라 당황할 때가 있다. 더구나 그동안 "지독히 몸서리친 홍역 끝 열꽃처럼/내려진 차단기"가 앞을 가리면서 온몸을 짓누를 때 더욱 그러하다. 속앓이 끝이라면 아직까지 정신이 혼미할 때다. "가슴속 깜박이는 불씨로 다독이며 맞은 봄"날의 일이다. 하여 "꿈의 불쏘시개 바람 입에 물리고/하얗게 흐느끼는 매운 눈물방울"을 "삼키다 견디지 못해 눈자위는 사뭇" 붉어진다. 그러나 끝내 이루고 말 에움길을 돌아서 어둠을 벗어던지고 가시넌출 헤쳐나갈 마음을 다지며 늘 활용하는 "필사노트"를 펼쳐 무언가를 적는다. 또박또박 한 자 한 자 여물게 기록하면서 필사적인 삶을 추구하고자 마음을 다잡는다. 우리가 가는 길에는 무수한 이정표가 있기 마련이다. 만반의 준비를 했을지라도 언제든지 갈등을 겪게 된다. 한순간 잘못 판단하여 길을 잘못 드는 경우가 있다. 그 순간 속히 되돌아 나와 원래 예정했던 길을 가야 한다. 혼미의 안개 속으로 들어서서는 아니 된다.

    햇살이 안고 도는

    양지쪽 교실 뜰앞

    어린 봄의 입학식

    긴장한 눈동자들

    설렘을 한 가방 메고

    붉은 미소 짓는다

-「입학식」전문

봄은 활짝 펴서
강으로 흘러가고

종이배 띄운 듯
물빛 어린 산수유

잠 깨어
뒹굴고 있는
햇병아리 옹알이

유채꽃 몽실몽실
아지랑이 마중에

까치발 세우고
팔 뻗어 젓는 노

종다리
우짖는 소리
실개천을 건넌다

- 「소묘」 전문

「입학식」에서 따사로운 희망을 읽는다. 어린이가 입학하는지 봄이 입학하는지 모를 정도로 살갑고 정답다. "햇살이 안고 도는//양지쪽 교실 뜰앞"에서 "어린 봄의 입학식"이 이루어지고 있으니 이 얼마나 행복한 일인가? 조금 "긴장한 눈동자들"이지만 "설렘을 한 가방 메고/붉은 미소"를 짓고 있으니 봄도 덩달아 학교에 입학하고 있는 셈이다.

「소묘」가 그리는 정경도 곱다. "봄은 활짝 펴서/강으로 흘러가고//종이배 띄운 듯/물빛 어린 산수유"라는 장면 제시에 저절로 눈길이 끌려가고 있다. 거기에다가 "잠 깨어/뒹굴고 있는/햇병아리 옹알이"까지 등장하여 생동감이 넘친다. 그뿐이 아니다. "유채꽃 몽실몽실/아지랑이 마중에//까치발 세우고/팔 뻗어 젓는 노"라는 대목은 보다 역동적이어서 생명의 찬가 같다. 그리하여 마침내 "종다리/우짖는 소리/실개천으로 흐"르는 것이다.

바람도 춘분 한낮 공양하듯 약국 앞이다
날 선 잔등 볕살에 구부러진 오늘은
긴 한숨 부메랑 되어 명치 끝에 고인다

동선을 덜미잡아 코로나 소탕 작전
바람꽃 해부하고 구름꽃 진술서에
온몸은 생의 마지막 낱장으로 떨고 있다

숨 가쁜 중환자실 공포 영화 세트장
붉은 면발 링거줄에 오늘을 붙잡고
오르막 치는 그래프 수평선을 꿈꾼다

- 「수평선을 꿈꾼다」 전문

동창천 뒹구는
해맑은 얼굴들

묵묵한 생김새로
제 자리 지키며

땡볕이 힘겨웠는지
눈 감고 명상 중

지친 하루 식히는
환히 널린 달빛

돌들은 뭉텅한
맨살을 보여준다

굴러온 발자국마다

상처만 남아 있다
무거운 그 마음
바람이 말려주고

돌로 앉은 시간
속 깊은 물소리에

잇대어
깊어가는 밤
별빛 내려앉는다

- 「돌로 앉은 시간」 전문

「수평선을 꿈꾼다」은 첫 수 초장부터 예사롭지가 않다. "바람도 춘분 한낮 공양하듯 약국 앞이다"이다. 코로나 당시 우리는 약국과 병원 앞으로 몰려갔다. 살기 위해서였다. 모든 생활에 커다란 제약을 받았으니 일상이 잘 유지되지 않았다. 사람과 사람이 만나야 일이 이루어질 터인데 그것이 불가능했던 것이다. 초유의 비상사태였다. 그래서 "날선 잔등 볕살에 구부러진 오늘은/긴 한숨 부메랑 되어 명치 끝에 고일" 수밖에 없었다. 둘째 수는 보다 구체적이다. "동선을 덜미 잡아 코로나 소탕 작전/바람꽃 해부하고 구름꽃 진술서에/온몸은 생의 마지막 낱장으로 떨고 있"는 것이다. 이렇듯 위기일발이었다. 일촉즉발이었다. 끝수는 "숨 가쁜 중환자실 공포 영화 세트장/불은 면발 링거줄에 오늘을 붙잡고/오르막 치는 그래프 수평선"을 꿈꾼다. 수평에 이르고자 하는 강렬한 열망이 표출되고 있다. 참으로 어려운 시절이었다.

반면에 「돌로 앉은 시간」은 코로나 이후의 평화로움이 잘 묻어나고 있는 시편이다. 무심히 돌이 되어 보는 일은 심신의 안정을 꾀하는 첩경이다. "동창천 뒹구는/해맑은 얼굴들"은 "묵묵한 생김새로/제 자리 지키며//땡볕이 힘겨웠는지/눈 감고 명상 중"이라고 진술한다. 시간이 지나 "지친 하루 식히는/환히 널린 달빛"으로 여유를 가지며 "돌들은 뭉텅한/맨살을 보여"주는 것을 바라보다가 "굴러온 발자국마다 상처"가 남아 있는 것을 살핀다. "무거운 그 마음/바람이 말려주고//돌로 앉은 시간/속 깊은 물소리"에 깊어가는 밤과 함께 하는 한 자아의 평화로운 휴식의 시간과 마주한다. 화자는 무념으로 돌이 되어 보는 시간을 통해 새 힘을 충전하고 있다.

> 나에게 밟히는 어리석은 나침반
> 무수한 그들과 방향만 같을 뿐

손끝에 걸려드는 건
난시만 헤집는 소리

- 「텅 빈 언어」 전문

쉰두 살 머리채는
눈 쌓인 초가지붕

박힌 털 물들이는
백여우 꼬리들이

비집고
자리 잡은 터
슬그머니 뿌리내린…

- 「새치」 전문

「텅 빈 언어」는 텅 빈 인생을 떠올리게 한다. "언어" 앞에 수식어 "텅 빈"을 장치함으로써 고뇌의 글쓰기를 상기시킨다. 하여 "나에게 밟히는 어리석은 나침반"이라는 역설적인 은유가 등장한 것이다. 그것은 "무수한 그들과 방향만 같을 뿐"이라는 것이다. 그렇기에 "손끝에 걸려드는 건/난시만 헤집는 소리"라고 더욱 절망스러운 결말에 이르고 있다. 이렇듯 「텅 빈 언어」는 바닥을 치는 쓰리고 아픈 정황을 체현하고 있다. 이를 통해 다시 일어서고 뛰어오르는 계기를 마련할 수 있지 않을까 하는 희망 섞인 주문을 해본다.

「새치」는 몸의 변화에 민감한 시편이다. 어느덧 "쉰두 살 머리채는/눈 쌓인 초가지붕"이다. 세월의 흐름 앞에 무력한 자아가 겪는 일이다. 화자는 그것을 "박힌 털 물들이는/백여우 꼬리들"로 보고 있다. 몹시 밉깔스럽기 때문이다. "비집고/자리 잡은 터/슬그머니 뿌리내"렸기에 더욱 부인하고 싶은 변화다. 「새치」는 그런 심경을 깔끔한 단시조로 직조하고 있다.

    바람은 구겨지고
    파도는 찢겨져서

    파도소리 닮은 바람
    바람소리 닮은 파도

    너와 나
    파도와 바람
    바람과 파도 사이

바람 사이에서
머물고 싶었지

파도 사이에서
붙잡고 싶었지

서귀포
칠십 리 바다
놀빛에 뒤덮인 날

-「서귀포 바다」 전문

살살이 잦아들 바람이여, 불어오라
달아올라 붉은 가슴 뜨거운 속삭임
속살을 슬쩍 보이는 새털구름 같은 날

그물 한 폭 던지니 영락없이 걸려드는
비릿한 가을이 전어 떼로 퍼덕이고
벼랑에 홀린 저 눈길 바람이 쓸고 간다

가던 길 발목 잡혀 연해 서터 누르자
어찌할 바 모르는 물결 저리 자지러져
불현듯 멈추어 서서 눈을 내려감는다

뛰어오르는 파랑을 고이 쓰다듬다가
마침내 네 안에 들어앉은 한 점 섬
억새풀 속살을 풀며 시리도록 흔들린다

- 「다시 새섬에 와서」 전문

「서귀포 바다」는 율동감이 넘친다. 숨 가쁜 전개를 보인다. "바람은 구겨지고/파도는 찢겨져서//파도소리 닮은 바람/바람소리 닮은 파도"라고 읊조리면서 구겨진 바람과 찢겨진 파도가 강렬한 이미지의 응축을 보인다. 그리고 관계성을 표출한다. 즉 "너와 나/파도와 바람/바람과 파도 사이"임을 입증 중이다. 화자는 "바람 사이에서/머물고 싶었"고, "파도 사이에서/붙잡고 싶었"다고 고백한다. 바람과 파도는 불안의 상징이다. 순간적이어서 의지할 수 없는 대상이다. 그렇기에 머물다가 끝내 부서지고자 한 것인지도 모른다. 그날은 "서귀포/칠십 리 바다"가 "놀빛에 뒤덮인 날"이었다. 그렇듯 화자에게는 서귀포 바다가 이채로웠고, 절망적인 삶을 끌어올리는 힘이 된 것이다. 그것은 곧 자존의 힘이다. 울림의 언어가 주는 위안이기도 하다.

「다시 새섬에 와서」는 서정에 접맥된 서경시로서 간명한 이미지로 흡사 수채화 한 폭을 보는 느낌을 안긴다. "샅샅이 잦아들 바람이여, 불어오라/달아올라 붉은 가슴 뜨거운 속삭임/속살을 슬쩍 보이는 새털구름 같은 날"이라는 첫 수에서 내면을 정경과 연계지어서 싱그럽게 풀어내고 있다. 둘째 수는 "그물 한 폭"과 "가을 전어", "벼랑에 홀린 눈길"을 통해 생명의 약동을 보여준다. "자지러지는 물결"과 "뛰어오르는 파랑을 고이 쓰다듬다가/마침내 안으로 들어앉은 한 점 섬"이 된 새섬과의 일체화로 자아의 세계화, 세계의 자아화가 이루어져 "억새풀 속살을 풀며 시리도록 흔들"리고 있다. 이처럼 「다시 새섬에 와서」는 서정성이 농후한 생동감 넘치는 시편이다. 읽는 동안 치유를 맛보게 된다.

    하필 그곳에 뿌리내린 태생이 억척스런

    다 닳은 돌쩌귀는
    어머니 뼈마디인가

    한평생
    기운 햇살이
    그 틈새에
    환하다

                                  -「그래도, 돌단풍」 전문

붙잡지 못한 바람 툭, 치고 지나간다

정신을 가누다가 중심에서 기울어버린

노을과 먼 기억 사이 하 엷어진 그림자

마음 둘 데 없는 꼬리 잘린 마침표

깨금발로 받쳐 든 마지막 달력 한 장

벼랑에 꽁지깃 세운 뒤꿈치가 떨린다

- 「십이월」 전문

「그래도, 돌단풍」은 돌쩌귀에 뿌리내린 돌단풍에서 어머니를 유추한 점이 돋보인다. 화자는 "하필 그곳에 뿌리내린 태생이 억척스런" 한 존재를 발견하고 내심 놀라워한다. 그리고 억척스런 삶을 산 어머니를 떠올린 것이다. 그리하여 "다 닳은 돌쩌귀는/어머니 뼈마디인가"하고 묻고 있는 것이다. 잘 마무리된 종장 "한평생/기운 햇살이/그 틈새에/환"한 것을 목도한다. 그래서 제목을「그래도, 돌단풍」이라고 붙인 것이다. 곡진한 사모곡이다.

「십이월」은 그 무렵의 정서를 담담하면서도 깊이 있게 직조해 보인다. 첫 수 초장 "붙잡지 못한 바람 툭, 치고 지나간다"라는 대목이 예사롭지가 않다. 붙잡지 못하는 세월을 생각하게 한다. 그래서 "정신을 가누다가 중심에서 기울어 버린/노을과 먼 기억 사이 하 엷어진 그림자"를 본다. 둘째 수는 더욱 예민하다. "마음 둘 데 없는 꼬리 잘린 마침표/깨금발로 받쳐 든 마지막 달력 한 장"이라는 표현이 애처롭기까지 하기 때문이다. 결국 "벼랑에 꽁지깃 세운 뒤꿈치가 떨"리는 것을 어찌하지 못하는 자아의 여린 모습을 바라보며 안쓰러워한다. 12월은 실로 그런 달이다.

별안간 모든 길은 살얼음판 깔리고
앞이 챙챙 감겨 숨 막힌 걸음마
마스크 겹과 겹 사이 봄날은 더디 온다

갉아먹은 바람 돌밭 길 거친 호흡
그 틈새 돋는 당신 봄을 그린다
긴 터널 어둠 헤치고 물소리 벋는 순

- 「바이러스」 전문

권력은 천년인가, 만년인가 권력은?
백성은 어디에, 백성 권리는 어디에?

별안간
하늘 별들이
떨어져 내리는 소리

-「安民」전문

 앞서도 살폈지만 「바이러스」는 마스크 시대에 대한 소회다. 그때는 정말 그랬다. "별안간 모든 길은 살얼음판 깔리고/앞이 챙챙 감겨 숨 막힌 걸음마"였고, "마스크 겹과 겹 사이"에 낀 "봄날은 더디" 왔다. 진정 춘래불사춘이었다. 둘째 수는 "갉아먹은 바람 돌밭 길 거친 호흡/그 틈새 도는 당신 봄을 그린다"라고 틈새의 봄, 그것도 당신의 봄을 그린다고 하니 이 얼마나 간절한 바람인가? 절망 아닌 절망의 때에도 화자는 "긴 터널 어둠 헤치고 물소리로 벋는 순"을 직시하고 있다. 건강한 시선이다. 순이 물소리로 벋는다는 생명시학적 표현이 놀랍다.
 「安民」은 당면한 시대 상황을 노래하고 있다. 모름지기 위정자가 어떤 마음 자세로 나랏일을 해야 마땅한지 낮지만 준엄한 톤으로 일깨우고 있다. 국민주권인 세상이다. 마구잡이 휘두르라고 일임한 권한이 아니다. 대체 "권력은 천 년인가, 만년인가 권력은?/백성은 어디에, 백성 권리는 어디에?" 도대체 있다는 말인가? 가진 자는 권력을 오래도록 유지하기 원하지만, 그것은 패망의 지름길인 것을 역사를 통해 이미 똑똑히 배우지 않았던가? 어처구니없고 어림없는 태도다. 그러나 백성은 권리를 누리기 원한다. 민주시민답게 살기를 희구한다. 막강한 권력으로 백성을 내리누르는 행위는 결코 있을 수 없는 일이다. 그것은 망상이다. 그로 말미암아 어디 "하늘 별들이/떨어져 내리"기만 했던가? 국가 경제가 무너져 내리고 서민들의 삶은 더욱 피폐해졌다. 아무 일도 없었던 것이 아니다. 역사를 몇십 년 후퇴시킨 것이다. 삼척동자도 알 일을 모른다면 어떻게 깨우쳐야 할까?

「安民」은 그런 절박한 심경을 단시조로 축약하여 보여주고 있다.

3.

「울림의 언어, 자존의 힘」이라는 제목으로 김지욱 시인의 첫 시조집 『느티나무 생각』을 살폈다. 서정과 서경의 세밀한 교직에 힘쓰면서 코로나와 같은 시대 상황을 체화하는 일에도 관심을 보이고 있다. 시대적 요청에 답하고 있는 셈이다.

그의 서정 세계는 내밀하고 깊으면서 명징하고 간명하

다. 그리고 부단히 새로운 이미지 구현에 몰두한다. 더불어 시조의 본령과 본질을 추구한다. 곳곳에 고뇌의 흔적이 여실하고 가족에 대한 사랑이 넘친다. 무엇보다 자연을 통해 얻은 자각과 심미안을 바탕으로 서정성이 농후한 작품을 탐구한다. 이를 통해 시조의 맛을 잘 살리고 있다.

김지욱 시인, 그에게 시조 쓰기는 한강 작가의 말처럼 끝까지 인간으로 남기 위한 노력의 일환이다. 앞으로도 그 길을 묵묵히 걸을 것이다. 마음을 다하고 뜻을 다해 엮은 김지욱 시인의 첫 시조집 『느티나무 생각』이 세상에 널리 읽히기를 마음 깊이 기원하며, 축하를 보낸다.

느티나무 생각

2025년 3월 31일 초판 1쇄 인쇄
2025년 4월 9일 초판 1쇄 발행

지은이 | 김지욱
펴낸이 | 孫貞順

펴낸곳 | 도서출판 작가
　　　　(03756) 서울 서대문구 북아현로6길 50
　　　　전화 | 02)365-8111~2 팩스 | 02)365-8110
　　　　이메일 | cultura@cultura.co.kr
　　　　홈페이지 | www.cultura.co.kr
　　　　등록번호 | 제13-630호(2000. 2. 9.)

편집 | 손희 김치성 설재원
디자인 | 오경은 이동홍
영업 | 박영민
관리 | 이용승

ISBN 979-11-94366-71-3 03810

* 잘못된 책은 구입하신 서점에서 바꾸어 드립니다.

값 12,000원

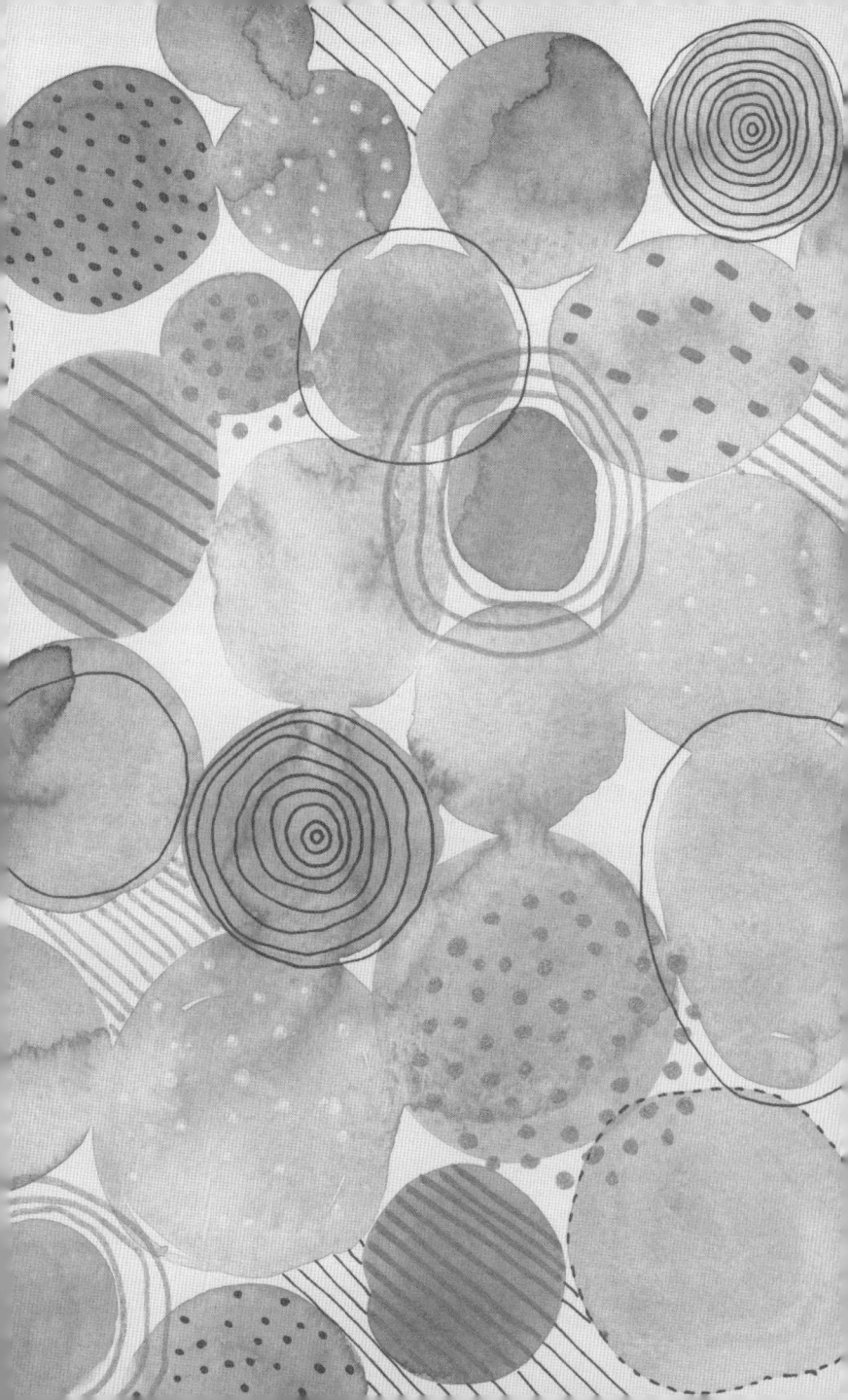

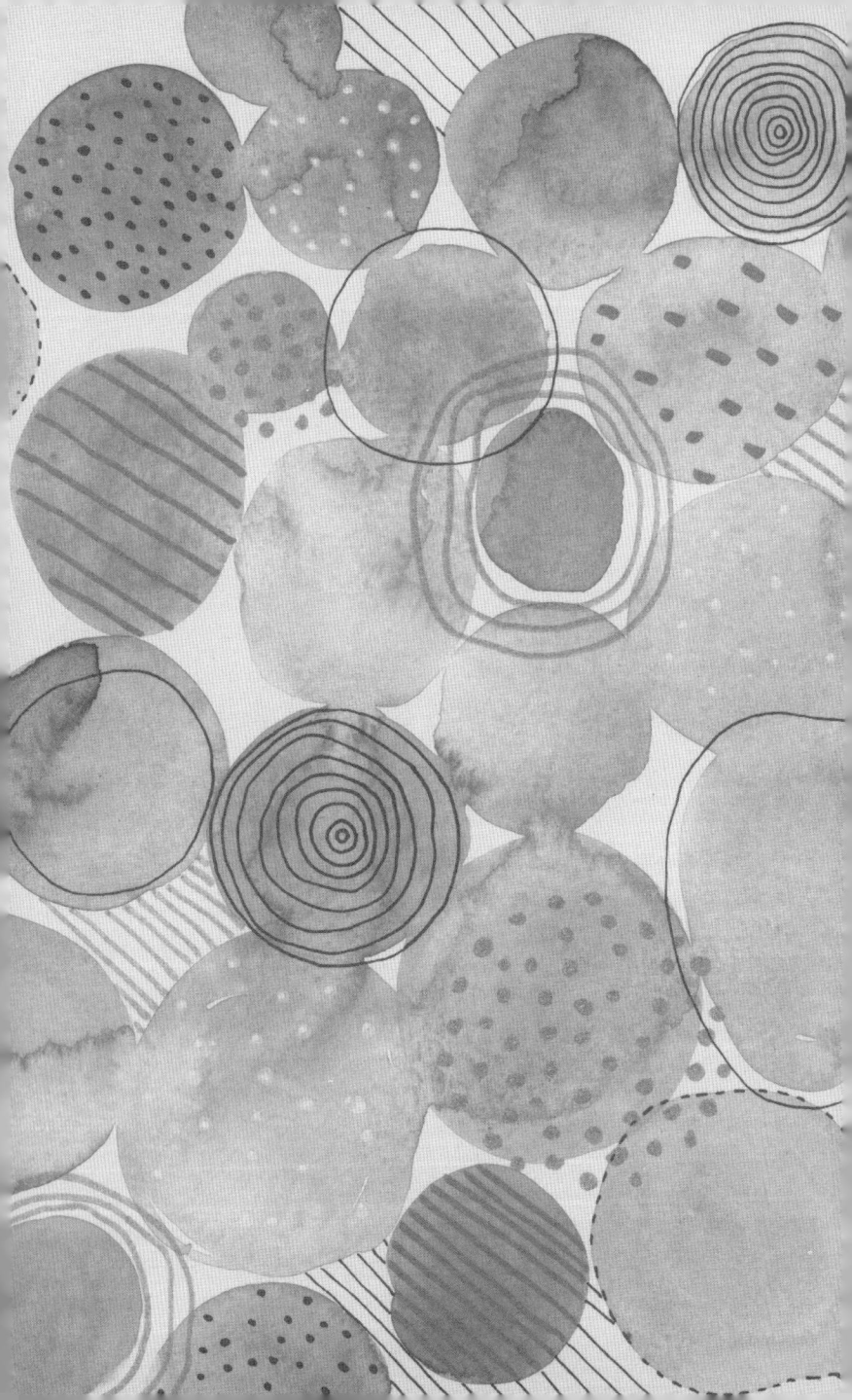